AF218521

EXISTE UN CLUB DE ZAPATOS MUY SIMPÁTICOS:

a unos les gusta correr; a otros, pasear por el bosque; y a otros, estar en casa, además de muchas actividades más. Un día aparecen una mamá tenis y su hijito; han caminado muchísimo, y están muy cansados, con hambre y sedientos...

VALORES IMPLÍCITOS:

En el club se representa la diversidad e igualdad de quienes viven juntos, así como la posibilidad de integrar solidariamente a otros que han migrado desde lejos, buscando una mejor vida, la cual se construye con el cuidado mutuo y el afecto.

MEVÉS

El club de los zapatos felices

© del texto: Max
© de las ilustraciones: Lapin D Lune
© del diseño y corrección: Equipo BABIDI-BÚ

© de esta edición:
Editorial BABIDI-BÚ, 2024
Avda. San Francisco Javier, 9, 6ª, 23
Edificio Sevilla 2
41018 - SEVILLA
Tlfn: 912.665.684
info@babidibulibros.com
www.babidibulibros.com

Impreso en España
Primera edición: octubre, 2024

ISBN: 978-84-10412-46-0
Depósito Legal: SE 1874-2024

Reservados todos los derechos

EL CLUB DE LOS ZAPATOS FELICES

ESCRITO POR **MAX**   ILUSTRADO POR **LAPIN D LUNE**

A MODO DE INTRODUCCIÓN

EL PORQUÉ DE ESTE CUENTO

Entre las posibilidades de cambio social para mejorar
el mundo, la educación es una actividad central. Por
esto, es preciso impulsarla con el tema de los derechos
humanos a fin de promover actitudes favorables hacia
la convivencia solidaria de las personas desde la tierna
infancia; en tal sentido, estimular la imaginación de
la niñez con historias ilustradas sobre los derechos
referidos ayudará al reconocimiento de la dignidad
de cada persona, su respeto y protección, así como al
cuidado de la vida y el ambiente que compartimos.

Estos zapatos viven juntos y muy felices...

Otros CORREN muy rápido...

ESTOS CAMINAN POR LA CALLE, MUY CONTENTOS...

ESTOS NO SE QUEDAN ATRÁS
Y VAN A LOS **PARQUES**...

MIENTRAS QUE ESTOS OTROS
YA ESTÁN **CANSADOS**,
PERO FELICES...

A ESTOS LES GUSTA IR AL BOSQUE A **EXPLORAR**...

PERO ELLAS PREFIEREN ESTAR EN CASA CANTANDO CON SUS NIETOS...

Estos otros van al **CAMPO DE CULTIVO** de frutas...

MIENTRAS QUE ESTAS SALEN AL
TRABAJO CUANDO HACE FRÍO...

Un día llegan al **CLUB** esta mamá con su hijo...

Los demás zapatos los reciben con enorme **ALEGRÍA Y AFECTO.**
RÁPIDO LES DAN DE COMER Y BEBER...

LES PIDEN QUE SE QUEDEN Y LES OFRECEN UN LUGAR CÁLIDO Y CÓMODO **PARA VIVIR...**

¡Ahora disfrutan muchísimo porque son integrantes del CLUB DE LOS ZAPATOS FELICES!